마법의 탈무드 따라 쓰기 ①

생각디딤돌 창작교실 엮음

생각디딤돌

하루 2장의 기적!
탈무드 명언 완전 정복 홈스쿨링
읽고 쓰면서 탈무드 지혜 배우기!

⊙ 세상을 움직이는 최고의 유대인들

예수, 아인슈타인, 콜럼버스, 마르크스, 정치인 헨리 키신저, 구글 창업자인 래리 페이지, 영화감독인 스티븐 스필버그, 세계 투자계의 큰손인 조지 소로스, 언론 재벌인 루퍼트 머독…… 그들은 현재 세계 질서에서 큰 영향력을 행사하는 사람들입니다. 그들의 공통점은 모두 유대인이라는 점입니다.

0.25%=25%라는 말이 있습니다. 0.25%는 세계 인구에서 유대인이 차지하는 비율, 25%는 역대 노벨상 수상자 가운데 유대인이 차지하는 비율을 뜻합니다. 그러니까 노벨상 수상자 4명 중에 1명이 유대인이라는 뜻이 됩니다. 노벨상이 수여되기 시작한 1901년부터 작년까지 노벨상 수상자는 모두 943명, 그중 유대인 수상자는 무려 210명에 이릅니다. 총인구 1,500만 명에 불과한 나라에서 그 많은 노벨상을 수상했다는 것은 참으로 놀라운 사실입니다.

⊙ 유대인들이 노벨상을 많이 수상한 이유는 무엇일까?

유대인은 어떻게 세상을 움직이는 능력을 길렀을까요? 그것은 어려서부터 받은 창의적인 교육의 영향입니다. 유대인 부모는 아이들이 유치원이나 학교에서 돌아오면 이렇게 묻는다고 합니다.

"오늘 선생님께 무엇을 물었어?"

'배운 것을 복습하는 것은 외우기 위해서가 아니라 새로운 것을 발견하기 위해서다.'라는 탈무드 명언이 있습니다. 우리는 복습을 통해 답을 외우는 것이라고 생각하지만 유대인들은 창의성과 통찰력을 더 기르기 위해 복습한다고 생각하는 것입니다. 어려서부터 받은 그 교육의 힘이 노벨상으로 이어진 것입니다.

⊙ 유대인들은 어떻게 세상을 움직이는 큰 부자가 되었을까?

세계에서 손꼽히는 부자들은 대부분 유대인들입니다. 그들이 돈을 어떻게 사용하느냐에 따라서 세계 시장이 움직입니다. 그들은 어려서부터 돈에 대한 중요성을 많이 가르칩니다. '가난은 부끄럽지는 않지만 훌륭하다고 인정받을 수 있는 것도 아니다.'라는 탈무드 명언이 있습니다. 그들은 돈을 단숨에 벌 수 있다고 생각하지 않습니다. 부자 밑에서 돈 한 푼 받지 않고 몇 년 동안 일하면서 부자의 사고법을 배우려고 애를 쓰기도 합니다. 또한 부자가 되면 혼자 쓰려고 하지 않고 재산 일부를 반드시 가난한 사람을 돕는 데 사용합니다. 그렇게 그들은 돈이란 어떻게 쓰느냐에 따라 좋은 도구가 된다고 믿습니다.

⊙ 탈무드 명언을 통해 우리 어린이들은 무엇을 배울 수 있을까?

우리에게도 탈무드 명언 못지않은 속담이 있습니다. 우리는 속담을 통해 우리 조상의 지혜와 교훈을 배울 수 있습니다. 그런데 우리의 속담은 대체적으로 인성 교육을 중요시합니다. 반대로 탈무드의 핵심은 끊임없이 생각하고 지혜롭게 도전하는 데 있습니다. 그러니까 우리 속담을 통해서는 좋은 인성을 키우고, 탈무드를 통해서는 실천하는 힘과 창의성, 통찰력을 키울 수 있을 것입니다.

가난은 부끄럽지는 않지만 훌륭하다고 인정 받을 수 있는 것도 아니다.

본래 뜻 : 가난이 부끄러운 것은 아니지만 자랑으로 여길 일은 더더욱 아니라는 뜻.

인성이 쑥쑥 : 욕심이 너무 많으면 당연히 안 되죠. 하지만 너무 욕심이 없어서 남에게 신세를 지고, 피해를 주며 살 정도라면 더더욱 안 되지요. 가난해서 남에게 폐를 끼치며 사는 것보다, 가진 돈을 남을 위해 쓸 줄 아는 부자가 훨씬 훌륭하지 않을까요?

 글씨를 따라 바르게 써 볼까요?

가	난	은		부	끄	럽	지	는		않
지	만		훌	룽	하	다	고		인	정
받	을		수		있	는		것	도	
아	니	다	.							

 **아래에 바르게 써 볼까요?**

가난은 부끄럽지는 않지만 훌륭하다고 인정받을 수 있는 것도 아니다.

 **재미있는 이야기 한 토막**

"아빠 엄마, 소말리아의 아이들이 굶주리고 산대요. 돕고 싶은데 우리 집이 너무 가난해요."

"많은 돈이 있어야만 도와줄 수 있는 것은 아니야. 조금씩 저축해서 도와줄 수도 있어."

"가난해서 못 도와준다는 말은 핑계에 불과해. 우리 힘이 닿는 대로 도울 방법을 찾아보자."

 돈이 많이 생긴다면 가장 하고 싶은 일이 무엇인가요?

 오늘 사용한 돈의 일기장을 써 볼까요?

가족이 함께하는 시간은 기도하는 것보다 영향력이 훨씬 강하다.

본래 뜻 : 가족을 위해 열심히 기도하는 것보다 함께 행복하게 사는 순간이 더 중요하다는 뜻.

인성이 쑥쑥 : 가족의 건강과 행복을 위한 기도도 중요하지만 가족과 함께 즐거운 시간을 보낸다면 훨씬 더 행복하지 않을까요?
친구처럼 놀아주는 아빠와 엄마 옆에서 자라는 어린이가 세상에서 가장 행복할 거예요.

 글씨를 따라 바르게 써 볼까요?

가	족	이		함	께	하	는		시	간
은		기	도	하	는		것	보	다	
영	향	력	이		훨	씬		강	하	다.
가	족	이		함	께	하	는		시	간
은		기	도	하	는		것	보	다	
영	향	력	이		훨	씬		강	하	다.

 아래에 바르게 써 볼까요?

가족이 함께하는 시간은 기도하는 것보다 영향력이
훨씬 강하다.

 **재미있는 이야기 한 토막**

"아침마다 우리 가족 모두 행복하게 해달라고 열심히 기도하자. 그럼 훨씬 행복해질 거야."

"저는 기도보다 아침에 아빠 엄마랑 공원에 가서 운동할 때가 제일 행복해요."

"저도 누나랑 생각이 같아요. 저는 우리 가족이 놀이공원에 가서 놀았을 때가 제일 행복했어요."

 우리 가족이 가장 행복한 순간은 언제인가요?

 나는 우리 가족의 행복을 위해 무엇을 하고 있나요?

강아지가 의자에 오르는 것을 봐주면
나중에는 식탁 위로 오른다.

본래 뜻 : 뭐든지 습관이 중요하니까 해서는 안 되는 일과 해도 되는 일을 분명히 구분하라는 뜻.

인성이 쑥쑥 : 강아지가 귀엽다고 의자에 올라가도 봐준다면 어떻게 될까요? 그러면 그 강아지는 식탁에도 함부로 올라가려고 할 거예요. 나중에 버릇을 고치려고 한다면 강아지도 스트레스를 받고 사람도 힘들겠죠?.

 글씨를 따라 바르게 써 볼까요?

강	아	지	가		의	자	에		오	르
는		것	을		봐	주	면		나	중
에	는		식	탁		위	로		오	른
다	.									

 **아래에 바르게 써 볼까요?**

강아지가 의자에 오르는 것을 봐주면 나중에는
식탁 위로 오른다.

 **재미있는 이야기 한 토막**

"네가 강아지를 안고 식탁에 앉으니까 강아지도 식탁에서 밥을 먹으려고 하잖아."
"강아지도 우리 가족이니까 식탁에서 같이 밥 먹으면 안 돼요?"
"강아지가 가족인 것은 맞지만, 밥까지 함께 먹으려고 한다면 정말 버릇없는 강아지가 될 거야."

 식탁이나 침대 위로 마구 뛰어오르는 강아지를 보면 어떤 생각이 드나요?

 버릇없는 강아지처럼 함부로 행동하는 친구가 있다면 뭐라고 타이를까요?

거짓말을 하면 안 되지만 진실 중에서도 말해서는 안 되는 것이 있다.

본래 뜻 : 정직하게 행동하는 것이 옳지만 상황에 따라 선한 거짓말이 필요할 때도 있다는 뜻.

인성이 쑥쑥 : 거짓말만 하는 사람이 많다면 세상은 엉망진창이 되겠지만 항상 사실만 말하며 살 수는 없어요. 몸이 아픈 사람한테 "얼굴이 많이 아파 보여." 하고 말한다면 어떻게 될까요? 그 사람은 자신감을 잃고 건강도 점점 더 잃어갈 거예요.

 글씨를 따라 바르게 써 볼까요?

거	짓	말	을		하	면		안		되
지	만		진	실		중	에	서	도	
말	해	서	는		안		되	는		것
이		있	다	.						

 **아래에 바르게 써 볼까요?**

거짓말을 하면 안 되지만 진실 중에서도 말해서는
안 되는 것이 있다.

 **재미있는 이야기 한 토막**

"할아버지, 감기 다 나으셨어요? 오늘 얼굴 뵈니까 엄청 건강해지셨어요."
"고맙다. 네가 그렇게 말해 주니까 힘이 불끈 솟는 것 같구나."
"정말 다행이에요. 내일은 저랑 공원에 운동하러 나갈 수 있으실 것 같아요."

 누가 나에게 선한 거짓말을 한 적이 있나요? 무슨 말이었으며 기분이 어땠나요?

 누군가에게 착한 거짓말을 한 적이 있나요? 누구에게, 왜 그랬나요?

거짓말쟁이가 받는 가장 큰 벌은
진실을 말해도 아무도 안 믿는 것이다.

본래 뜻 : 거짓말을 자주 하면 나중에는 중요한 사실을 말해도 아무도 믿지 않는다는 뜻.

인성이 쑥쑥 : 양치기 소년이 "늑대가 나타났어요!" 거짓말을 하자 마을 사람들이 우르르 몰려왔어요. 그 뒤 소년은 재미가 들려 자꾸만 거짓말을 했지요. 그러다 진짜 늑대가 나타났을 때는 아무리 고함을 질러도 아무도 달려오지 않았어요.

 글씨를 따라 바르게 써 볼까요?

거	짓	말	쟁	이	가		받	는		가
장		큰		벌	은		진	실	을	
말	해	도		아	무	도		안		믿
는		것	이	다	.					

 **아래에 바르게 써 볼까요?**

거짓말쟁이가 받는 가장 큰 벌은 진실을 말해도
아무도 안 믿는 것이다.

 **재미있는 이야기 한 토막**

"모레 내 생일이야. 그날 우리 집에 와. 엄청 멋진 생일 파티가 될 거야."

"저번에도 생일이라고 두 번이나 거짓말했어. 이젠 네 말을 믿을 아이는 한 명도 없을걸."

"이번엔 진짜야! 저번에는 너희가 속아 주니까 재미로 거짓말했지만, 이번에는 진짜라고!"

 습관적으로 거짓말하는 친구가 있나요? 그 친구는 나중에 어떤 어른이 될까요?

 최근에 거짓말을 한 일이 있나요? 왜 거짓말을 해야 했나요?

건강을 잃으면 모든 것을 잃는다.

본래 뜻 : 건강을 잃으면 아무것도 할 수가 없다는 뜻.

인성이 쑥쑥 : 중요한 것이 무엇이냐는 질문을 하면 가족, 행복, 공부, 건강…… 여러 가지 답이 나올 거예요. 그중에서 가장 많은 대답은 건강이겠죠. 건강은 모든 사람에게 가장 중요하니까요. 건강을 잃으면 아무것도 할 수 없거든요.

글씨를 따라 바르게 써 볼까요?

건	강	을		잃	으	면		모	든	
것	을		잃	는	다	.				
건	강	을		잃	으	면		모	든	
것	을		잃	는	다	.				

아래에 바르게 써 볼까요?

건강을 잃으면 모든 것을 잃는다.

재미있는 이야기 한 토막

"감기에 걸려서 엄청 아팠어. 가슴이 꽉 막히면서 숨을 못 쉴 때는 꼭 죽을 것만 같았어."
"다 나아서 참 다행이다. 너처럼 건강한 애가 많이 아프다고 하니까 나도 겁이 나고 무서웠어."
"학교도 못 가고, 친구도 못 만나고…… 건강하지 않으면 아무것도 못 한다는 걸 알았어."

 심하게 아팠던 적이 있나요? 어디가 어떻게 아팠나요?

 나는 건강한 편인가요? 좀 더 건강해지려면 무엇을 해야 할까요?

결점 없는 친구를 사귀려고 애쓰면 평생 단 한 명의 친구도 못 사귄다.

본래 뜻 : 결점이 한 가지도 없는 사람을 친구로 사귀려고 한다면 절대 불가능하다는 뜻.

인성이 쑥쑥 : 결점 없는 사람은 없어요. 운동을 못 하거나, 약속을 잘 안 지키거나, 책임감이 없거나……. 하지만 결점이 있는 만큼 좋은 점도 많지요. 서로 부족한 점을 채워주고 이끌어줄 줄 아는 친구가 진정한 친구 아닐까요?

 글씨를 따라 바르게 써 볼까요?

결	점		없	는		친	구	를		사
귀	려	고		애	쓰	면		평	생	
단		한		명	의		친	구	도	
못		사	귄	다	.					

 **아래에 바르게 써 볼까요?**

결점 없는 친구를 사귀려고 애쓰면 평생 단 한 명의 친구도 못 사귄다.

 **재미있는 이야기 한 토막**

"수아는 운동을 너무 싫어하고, 두리는 책 읽기를 싫어하고, 나는 공부가 싫고……."

"너희 셋은 다 다른 결점을 갖고 있는데 어떻게 친구가 됐어?"

"수아는 착하고, 두리는 뭐든 잘하고, 나는 엄청 명랑하고. 우린 단점보다 장점이 훨씬 더 많거든."

 친한 친구의 결점은 무엇인가요? 장점은 무엇인가요?

 나의 장점은 무엇인가요? 그리고 고쳐야 할 결점은 무엇인가요?

글을 읽는 청각장애인은 청각장애인이 아니다.
남의 말을 안 듣는 사람이 진짜 청각장애인이다.

본래 뜻 : 남의 말을 절대 듣지 않는 사람이라면 아무것도 못 듣는 청각장애인과 다를 바 없다는 뜻.

인성이 쑥쑥 : 귀가 안 들려도 책을 열심히 읽는 사람을 청각장애인이라고 할 수 없어요. 눈으로 많은 것을 보고 들었으니까요.
반대로 남의 말은 절대 듣지 않는 사람이라면 청각장애인이나 다를 바 없지요. 혼자서만 잘난 줄 아는 것이니까요.

 글씨를 따라 바르게 써 볼까요?

글	을		읽	는		청	각	장	애	인
은		청	각	장	애	인	이		아	니
다	.	남	의		말	을		안		든
는		사	람	이		진	짜		청	각
장	애	인	이	다	.					

 **아래에 바르게 써 볼까요?**

글을 읽는 청각장애인은 청각장애인이 아니다.
남의 말을 안 듣는 사람이 진짜 청각장애인이다.

 **재미있는 이야기 한 토막**

"넌 뭐든 제멋대로야. 왜 남의 말을 안 들어? 항상 차례 지키라고 아무리 말해도 소용없잖아."
"나 하나쯤 끼어들었다고 뭐가 나쁜데? 화장실 급한 사람이 먼저 들어가는 게 맞지 않아?"
"줄 선 사람은 모두 급해. 급하니까 줄 서서 차례 기다리는 거야. 제발 앞으로는 그러지 마."

 나는 남의 말을 잘 듣는 편인가요? 아니면 안 듣는 편인가요?

 주변에 남의 말을 전혀 안 듣는 사람만 있다면 무엇이 가장 불편할까요?

길을 열 번 물어보는 것이
길을 한 번 헤매는 것보다 낫다.

본래 뜻 : 모르는 것이 있다면 고생하며 쩔쩔매지 말고 잘 아는 사람에게 물어보면 일이 쉽게 해결된다는 뜻.

인성이 쑥쑥 : 간혹 잘 알던 길도 헤맬 때가 있어요. 아무리 찾아도 길이 안 보일 때는 정말 답답하죠. 그럴 때는 "알고 있으니까 꼭 찾을 수 있을 거야." 하며 무작정 헤매지 말고 길을 알 만한 사람을 붙잡고 물어본다면 고생을 훨씬 덜 할 거예요.

 글씨를 따라 바르게 써 볼까요?

길	을		열		번		물	어	보	는	∨
것	이		길	을		한		번			헤
매	는		것	보	다		낫	다	.		
길	을		열		번		물	어	보	는	∨
것	이		길	을		한		번			헤
매	는		것	보	다		낫	다	.		

 **아래에 바르게 써 볼까요?**

길을 열 번 물어보는 것이 길을 한 번 헤매는
것보다 낫다.

 **재미있는 이야기 한 토막**

"이모 집을 정말 못 찾겠어. 벌써 다섯 바퀴나 이 동네를 빙빙 돌았는데 왜 못 찾지?"
"내가 조금 전에 이 동네 사는 아주머니한테 여쭤봤어. 한 블록 더 내려가면 된대."
"왜! 진작 물어볼걸. 그랬으면 다리 아프게 빙빙 돌지 않았을 텐데!"

 모르는 것이 있으면 남에게 도움을 요청하나요? 아니면 스스로 해결하나요?

 길을 잃고 헤맨 적이 있나요? 어떻게 해결했나요?

남들이 나를 칭찬하는 것은 좋지만
내 입으로 나를 칭찬하지는 말라.

본래 뜻 : 내 입으로 나를 칭찬하지 말고, 남이 나를 칭찬할 수 있도록 항상 최선을 다하라는 뜻.

인성이 쑥쑥 : 제 입으로 자신을 칭찬하는 사람이 많아요. 내가 나를 칭찬하는 것은 그만큼 남에게 인정을 못 받아서일 거예요.
대신 남에게 칭찬받는 사람은 항상 좋은 모습을 보여 줬기 때문이겠죠.

 글씨를 따라 바르게 써 볼까요?

남	들	이		나	를		칭	찬	하	는	∨
것	은		좋	지	만		내		입	으	
로		나	를		칭	찬	하	지	는		
말	라	.									

 아래에 바르게 써 볼까요?

남들이 나를 칭찬하는 것은 좋지만 내 입으로 나를
칭찬하지는 말라.

 **재미있는 이야기 한 토막**

"제가 참 기특한 것 같아요. 오늘 아침에 아빠 엄마 구두를 깨끗하게 닦았거든요. 엄청 힘들었어요."

"네 입으로 너를 칭찬하다니, 칭찬해 주고 싶은 마음이 사라진다. 누나는 매일 하는 일이거든."

"엄마 말씀이 옳다. 누나는 일찍 일어나서 아빠 엄마가 마실 커피까지 다 내려놓거든."

 오늘 있었던 일 중에서 내가 나를 칭찬해 주고 싶은 일이 있나요? 무엇인가요?

 남에게 들은 칭찬 중에 가장 기분 좋았던 칭찬은 무엇인가요?

남을 속이는 것보다 내 자신을 속이는 것이 더 어렵다.

본래 뜻 : 남은 감쪽같이 속일 수도 있지만 내 양심은 절대 속일 수 없다는 뜻.

인성이 쑥쑥 : 남을 감쪽같이 속였다고 우쭐할 수 있어요. 하지만 그 사실을 알고 있는 한 사람이 있어요. 바로 자기 자신이죠. 인간은 누구나 양심이 있으니까요. 누군가를 속일 생각을 하기보다 솔직한 것이 훨씬 좋지 않을까요?

 글씨를 따라 바르게 써 볼까요?

남	을		속	이	는		것	보	다	
내		자	신	을		속	이	는		것
이		더		어	렵	다	.			
남	을		속	이	는		것	보	다	
내		자	신	을		속	이	는		것
이		더		어	렵	다	.			

 **아래에 바르게 써 볼까요?**

남을 속이는 것보다 내 자신을 속이는 것이 더 어렵다.

 **재미있는 이야기 한 토막**

"집에서 주운 돈으로 갖고 싶었던 장난감을 샀는데 맘이 무거워. 아무도 모르는 일인데……."

"넌 아무도 모른다고 하지만 네 마음이 그 사실을 알고 있잖아. 가족들에게 솔직하게 말해."

"나도 그런 적이 있는데, 꼭 도둑질한 것 같았어. 솔직하게 말하고 나니까 맘이 편하더라."

 아무도 모르는 비밀을 부모님이나 친구한테 솔직히 말한 적이 있나요?

 친구가 감쪽같이 나를 속인 일을 고백하면 여러분은 어떻게 할 것 같은가요?

남을 행복하게 해 주는 것은 마치 향기로운 향을 뿌리는 것과 같다.

본래 뜻 : 누군가를 행복하게 해 주면 나는 물론이고 상대방에게도 기분 좋은 일이라는 뜻.

인성이 쑥쑥 : 누군가 나를 행복하게 해 주면 기분이 좋지요. 내가 누군가에게 행복을 선물하면 나는 물론이고 그 사람의 기분도 당연히 좋고요. 향기로운 향이 기분을 좋게 해 주는 것처럼 남에게 행복을 선물하면 오랫동안 마음이 훈훈해지죠.

 글씨를 따라 바르게 써 볼까요?

남	을		행	복	하	게		해		주
는		것	은		마	치		향	기	로
운		향	을		뿌	리	는		것	과
같	다	.								

 **아래에 바르게 써 볼까요?**

남을 행복하게 해 주는 것은 마치 향기로운 향을 뿌리는 것과 같다.

 **재미있는 이야기 한 토막**

"부끄러움 많은 네가 할아버지 생신날 노래하며 춤까지 추다니, 정말 놀라웠단다."

"부끄럽기는 했지만 할아버지랑 다른 사람들이 좋아하시니까 저도 기분이 좋았어요."

"얼굴이 빨개진 채 땀을 뻘뻘 흘리며 노래하고 춤추는 모습이 사람들을 행복하게 했단다."

 최근에 다른 사람 덕분에 내가 행복한 적이 있었나요? 어떤 일이었나요?

 최근에 내가 누군가를 행복하게 해 준 적이 있나요? 어떤 일이었나요?

남의 요구로 베푼 자선은 나 스스로 한 자선의 절반 정도의 가치밖에 없다.

본래 뜻 : 누군가의 강요로 베푼 자선보다 내 마음에서 우러난 자선이 훨씬 가치 있다는 뜻.

인성이 쑥쑥 : "네가 친구 좀 도와줘." 하고 누군가의 요청을 받고 돕는 것과 "내가 그 사람을 도와야지." 하고 마음에서 우러난 자선 중 어떤 것이 더 가치 있을까요? 누군가의 강요로 베푼 자선도 좋지만, 스스로 결정한 자선이 훨씬 뜻깊겠죠?

 글씨를 따라 바르게 써 볼까요?

남	의		요	구	로		베	푼		자
선	은		나		스	스	로		한	
자	선	의		절	반		정	도	의	
가	치	밖	에		없	다	.			

 **아래에 바르게 써 볼까요?**

남의 요구로 베푼 자선은 나 스스로 한 자선의 절반 정도의 가치밖에 없다

 **재미있는 이야기 한 토막**

"불우 이웃 돕기할 때는 조금만 내더니 왜 아프리카 어린이들한테는 돼지 저금통을 털어 보냈어?"

"불우 이웃은 텔레비전에 나와서 했지만 아프리카 어린이 돕기는 내가 생각해 낸 거야. 누가 하라고 시킨 일이 아니야. 나 스스로 생각한 일이라 엄청 기분이 좋아."

 최근에 나 스스로 누군가에게 자선을 베푼 적이 있나요? 어떻게 베풀었나요?

 남을 위해 자선을 베푸는 사람이 많다면 세상은 어떻게 변할까요?

남의 자비로 사는 것보다 가난한 생활을 하는 편이 낫다.

본래 뜻 : 남의 동정을 받으며 사는 것보다 내 능력껏 사는 것이 훨씬 떳떳하다는 뜻.

인성이 쑥쑥 : 누군가에게 도움을 받으면 갚아야 한다는 마음의 빚이 생기죠. 그래서 나를 도와준 사람 앞에서는 당당하기가 쉽지 않아요. 부족하더라도 내 능력껏 헤쳐 나가면 훨씬 떳떳하겠지요?

 글씨를 따라 바르게 써 볼까요?

남	의		자	비	로		사	는		것
보	다		가	난	한		생	활	을	
하	는		편	이		낫	다	.		
남	의		자	비	로		사	는		것
보	다		가	난	한		생	활	을	
하	는		편	이		낫	다	.		

 **아래에 바르게 써 볼까요?**

남의 자비로 사는 것보다 가난한 생활을 하는
편이 낫다.

 **재미있는 이야기 한 토막**

"너는 왜 민희 앞에서는 할 말도 제대로 못 하는 거야?"

"민희가 내 그림 숙제를 항상 해 주거든. 나는 그림 그리기가 정말 싫어. 실력도 없고."

"실력이 부족해도 네가 직접 숙제하면 되잖아. 그럼 민희 앞에서 당당해질 수 있지 않겠어?"

 여러분은 누구에겐가 마음의 빚을 진 적이 있나요? 무슨 빚인가요?

 그 마음의 빚에서 벗어나려면 어떻게 하는 것이 좋을까요?

낯선 사람의 백 마디 모략(속임수를 써 남을 해롭게 함)보다
친구의 한 마디 모략이 더 깊은 상처를 남긴다.

본래 뜻 : 낯선 사람이 백 번 나를 헐뜯는 것보다 친구의 한 마디 나쁜 말에 더 상처를 받는다는 뜻.

인성이 쑥쑥 : 친구를 싫어하는 사람은 없어요. 소중한 만큼 많이 믿고 의지하지요. 그런데 철썩같이 믿었던 친구가 나를 헐뜯는다면 어떨까요? 아마 많은 사람이 나를 헐뜯었을 때보다 마음의 상처가 훨씬 클 거예요.

 글씨를 따라 바르게 써 볼까요?

낯	선		사	람	의		백		마	디	∨
모	략	보	다		친	구	의			한	
마	디		모	략	이		더		깊	은	∨
상	처	를		남	긴	다	.				

 아래에 바르게 써 볼까요?

낯선 사람의 백 마디 모략보다 친구의 한 마디
모략이 더 깊은 상처를 남긴다.

 **재미있는 이야기 한 토막**

"다른 애들이 내가 뚱뚱하고 옷도 잘 못 입는다고 홍보는 건 참을 수 있어. 근데 네가 애들 앞에서 맞장 구치는 걸 보고 정말 실망했어. 나는 너를 친구라고 믿었는데……."
"오해야! 나는 네가 딴 애들은 자신 없어 하는 옷도 당당하게 잘 입어서 보기 좋다고 했어. 믿어 줘!"

 친한 친구가 애들 앞에서 내 흉을 본다면 여러분은 어떻게 할 것 같은가요?

 내 친구 흉을 보는 애가 있으면 여러분은 그 애한테 뭐라고 할 것 같은가요?

내일 일어날 일을 미리 걱정하지 말라.
오늘 현재의 앞일도 모르지 않는가.

본래 뜻 : 오늘 무슨 일이 일어날지도 모르는데 내일 벌어질 일을 미리 걱정하지 말라는 뜻.

인성이 쑥쑥 : 우리는 크고 작은 걱정을 하면서 하루를 보내요. 당장 안 좋은 일이 터졌다면 당연히 걱정할 수 있어요. 하지만 아직 다가오지도 않은 내일의 일을 미리 걱정하는 것은 바보 같은 짓이 아닐까요?

 글씨를 따라 바르게 써 볼까요?

내	일		일	어	날		일	을		미
리		걱	정	하	지		말	라	.	오
늘		현	재	의		앞	일	도		모
르	지		않	는	가	.				

 **아래에 바르게 써 볼까요?**

내일 일어날 일을 미리 걱정하지 말라. 오늘 현재의 앞일도 모르지 않는가.

 **재미있는 이야기 한 토막**

"내일 태권도 경기를 미리 걱정하고 있는 거야?"

"내일이 오지 않았으면 좋겠어. 열심히 연습했지만 괜히 걱정되네. 너는 괜찮아?"

"나? 나는 너보다 연습도 별로 안 했지만 걱정 안 해. 내일 일인데 뭐 하러 미리 걱정해?"

 여러분은 지금 제일 걱정되는 일이 있나요? 무슨 일인가요?

_____

_____

 지금 품고 있는 걱정을 털어낼 수 있도록 자신을 타일러 볼까요?

_____

_____

너무 지나치게 후회하지 말라.
그건 옳은 일에 나설 용기를 해친다.

본래 뜻 : 실수를 했을 때 심하게 후회를 하면 꼭 해야 될 일 앞에서 용기를 못 낼 수 있다는 뜻.

인성이 쑥쑥 : 사람은 누구나 실수를 해요. 실수했다고 너무 심하게 후회를 하다 보면 정작 꼭 해야 될 일 앞에서 용기를 못 낼 수도 있어요. 실수를 했으면 그 이유를 파악한 뒤에 다음에는 그런 일이 반복되지 않도록 하는 것이 더 중요하죠.

 글씨를 따라 바르게 써 볼까요?

너	무		지	나	치	게		후	회	하
지	말	라	.	그	건		옳	은		
일	에		나	설		용	기	를		해
친	다	.								

 아래에 바르게 써 볼까요?

너무 지나치게 후회하지 말라. 그건 옳은 일에 나설
용기를 해친다.

 **재미있는 이야기 한 토막**

"요즘 너는 왜 친구들을 피해? 명랑하던 애가 시무룩하게 있으니까 걱정되잖아. 왜 그래?"

"내 실수로 너희가 단체 벌을 받았잖아. 그 뒤로는 뭐든 자신이 없어졌어. 또 실수할까 봐."

"일부러 그런 것도 아니잖아. 넌 무슨 일이든 배짱 좋게 덤비는 모습이 제일 멋져!"

 여러분은 가장 후회스러운 일이 무엇인가요? 그 후회를 어떻게 이겨 냈나요?

 어떤 일 앞에서도 항상 용기를 내라고 나 자신을 타일러 볼까요?

다섯 명의 지혜로운 사람이 오백 명의 무식한 사람보다 낫다.

본래 뜻 : 지혜롭지 못한 사람이 제아무리 많아도 지혜로운 사람 몇 명을 이길 수 없다는 뜻.

인성이 쑥쑥 : 수백 명의 사람이 어려움에 빠져 우왕좌왕하고 있을 때, 지혜로운 사람이 단 한 명만 있어도 그 상황을 잘 극복할 수 있어요. 지혜로운 친구를 사귄다면 당연히 나 자신도 지혜로워지겠지요?

 글씨를 따라 바르게 써 볼까요?

다	섯		명	의		지	혜	로	운	
사	람	이		오	백		명	의		무
식	한		사	람	보	다		낫	다	.
다	섯		명	의		지	혜	로	운	
사	람	이		오	백		명	의		무
식	한		사	람	보	다		낫	다	.

 **아래에 바르게 써 볼까요?**

다섯 명의 지혜로운 사람이 오백 명의 무식한 사람보다 낫다.

 **재미있는 이야기 한 토막**

"엄마, 제가 엘리베이터에 새해 인사를 써서 붙여 놨어요. 이웃끼리 새해에도 사이좋게 지내자고요."
"대견해라. 네 덕분에 이웃들이 모두 행복해하겠다. 아무도 그 생각을 못 했을 텐데, 참 지혜롭다!"
"이웃끼리 얼굴 찡그리며 지내는 것보다 서로 웃는 얼굴로 지내면 일 년이 행복하잖아요."

 나는 지혜로운 편인가요? 왜 그렇다고 생각하나요?

 친구 중에 가장 지혜로운 친구는 누구인가요? 왜 그렇게 생각하나요?

답을 가르치지 말고 질문하게 하라.

본래 뜻 : 어떤 문제의 답을 쉽게 알려 주지 말고 그 답을 찾을 수 있도록 질문을 던져서 문제를 스스로 해결하도록 하라는 뜻.

인성이 쑥쑥 : 배고픈 사람에게 생선을 주지 말고 물고기를 잡는 법을 알려 주라는 뜻과 같아요. 쉽게 얻은 생선으로 배고픔을 해결할 수 있겠지만, 또 그런 상황에 닥쳤을 때를 위해 낚시하는 방법을 알려 주는 것이 백 번 지혜롭겠지요?

 글씨를 따라 바르게 써 볼까요?

답	을		가	르	치	지		말	고	
질	문	하	게		하	라	.			
답	을		가	르	치	지		말	고	
질	문	하	게		하	라	.			

 **아래에 바르게 써 볼까요?**

답을 가르치지 말고 질문하게 하라.

 **재미있는 이야기 한 토막**

"엄마 안 계실 때 배가 고파서 라면을 끓이려는데 방법을 몰라서 굶었어요."
"네가 먹고 싶다고 하면 엄마가 무조건 끓여 주었더니 그랬구나."
"앞으로는 제가 끓여 먹을 수 있도록 라면 끓이는 방법을 알려 주세요."

 나는 스스로 나의 일을 해결하는 편인가요?

 어렵지만 부모님 도움 없이 하고 싶은 일이 있나요? 어떤 일인가요?

당신 혀에게 "나는 잘 모릅니다"라는 말을 열심히 가르쳐라.

본래 뜻 : 잘난 척하지 말고 늘 겸손하라는 뜻.

인성이 쑥쑥 : 아는 것이 많은 사람은 항상 겸손한 편이에요. 무슨 일이든 앞장서기보다는 자신의 도움이 필요할 때면 그때서야 나서거든요. 아는 것도 없으면서 아는 척하는 사람을 두고 믿음직스럽다고 여기는 사람은 한 명도 없어요.

 글씨를 따라 바르게 써 볼까요?

당	신		혀	에	게		"	나	는
잘		모	릅	니	다	"	라	는		말
을		열	심	히		가	르	쳐	라	.
당	신		혀	에	게		"	나	는
잘		모	릅	니	다	"	라	는		말
을		열	심	히		가	르	쳐	라	.

 아래에 바르게 써 볼까요?

당신 혀에게 "나는 잘 모릅니다"라는 말을 열심히 가르쳐라.

 **재미있는 이야기 한 토막**

"너는 누가 뭘 물으면 뭐든 다 아는 것처럼 구는데, 안 그랬으면 좋겠어. 너무 잘난 척하는 것 같아."

"궁금해서 물어보는데 어떻게든 대답해 주는 것이 맞지 않아?"

"네가 한 대답이 모두 맞는 것은 아니잖아. 모르면 모른다고 솔직히 말하란 말이야."

 누가 뭘 물어볼 때 잘 알지도 못하면서 답을 한 적이 있나요? 무슨 일이었나요?

 뭐든 다 아는 척하는 친구 때문에 피해를 본 적이 있나요? 무슨 일이었나요?

돈을 벌기는 쉽다. 하지만 돈을 쓰기는 더 어렵다.

본래 뜻 : 돈을 버는 것도 중요하지만 돈을 어떻게 쓰느냐는 더 중요하다는 뜻.

인성이 쑥쑥 : 돈을 버는 일은 퍽 어려운 일이에요. 많은 노력이 필요하니까요. 하지만 내 주머니에 든 돈은 얼마든지 내 맘대로 쓸 수 있다고 생각할 수도 있어요. 어렵게 번 돈을 헛되게 쓴다면 얼마나 어리석겠어요? 보람되게 쓸 줄 알아야겠죠?

 글씨를 따라 바르게 써 볼까요?

돈	을		벌	기	는		쉽	다	.		하
지	만		돈	을		쓰	기	는		더	∨
어	렵	다	.								
돈	을		벌	기	는		쉽	다	.		하
지	만		돈	을		쓰	기	는		더	∨
어	렵	다	.								

 아래에 바르게 써 볼까요?

돈을 벌기는 쉽다. 하지만 돈을 쓰기는 더 어렵다.

 **재미있는 이야기 한 토막**

"집안일을 열심히 도와서 받은 용돈을 한꺼번에 써 버렸어요. 정말 아까워요."

"저런, 아침마다 아빠 구두 닦느라고 아침잠도 제대로 못 잤으면서⋯⋯."

"앞으로는 노력해서 모은 돈을 함부로 쓰지 않고 보람 있게 쓰도록 할 거예요."

 애써 모은 돈을 함부로 쓴 적이 있나요? 왜 그랬나요?

 앞으로 내가 모은 돈은 어떻게 쓰고 싶은가요?

돈이란 인정 없는 주인이지만 반대로 큰 도움이 되는 뛰어난 심부름꾼일 수도 있다.

본래 뜻 : 돈은 냉정하기 짝이 없지만 뭔가 이루려는 큰 목적 앞에서는 큰 도움이 되어 준다는 뜻.

인성이 쑥쑥 : 돈 없어도 할 수 있는 일보다 돈 없으면 못 하는 일이 더 많아요. 만약에 뭔가 큰일을 하고 싶은데 돈이 없다면 얼마나 암담하겠어요? 반대로 돈이 넉넉해서 막힘없이 일을 할 수 있다면 더할 나위 없이 좋겠지요?

 글씨를 따라 바르게 써 볼까요?

돈	이	란		인	정		없	는		주
인	이	지	만		반	대	로		큰	
도	움	이		되	는		뛰	어	난	
심	부	름	꾼	일		수	도		있	다 .

 **아래에 바르게 써 볼까요?**

돈이란 인정 없는 주인이지만 반대로 큰 도움이
되는 뛰어난 심부름꾼일 수도 있다.

 **재미있는 이야기 한 토막**

"친구들이 햄버거 사 먹는데, 저만 돈이 없어서 아무것도 못 먹었어요. 배고파서 혼났어요."
"용돈을 벌써 다 썼어? 돈을 아껴 썼으면 그런 일이 안 일어났지."
"자전거 사려고 몽땅 저축했거든요. 먹고 싶은 거 다 사 먹으면 자전거를 살 수 없잖아요."

 돈이 있어서 큰 도움이 된 적이 있나요? 언제인가요?

 오늘부터 먼 훗날의 계획을 위해 돈을 모으고 싶지 않나요? 어떤 계획인가요?

두 사람이 싸울 때 먼저 싸움을 포기하는 사람이 더 고귀한 사람이다.

본래 뜻 : 싸울 일이 있더라도 감정을 가라앉히고 해결 방법을 찾는 사람이 훨씬 지혜롭다는 뜻.

인성이 쑥쑥 : 무턱대고 싸우려고 드는 사람이 있어요. 누구도 그런 사람을 좋아하지 않죠. 반대로 싸울 일이 있더라도 감정을 가라앉히고 해결 방법을 찾으려는 사람도 있죠. 그런 사람이 곁에 있다면 분위기가 항상 평화롭지 않을까요?

 글씨를 따라 바르게 써 볼까요?

두		사	람	이		싸	울		때
먼	저		싸	움	을		포	기	하	는	∨
사	람	이		더		고	귀	한		사
람	이	다	.						

 아래에 바르게 써 볼까요?

두 사람이 싸울 때 먼저 싸움을 포기하는 사람이 더
고귀한 사람이다.

 **재미있는 이야기 한 토막**

"어제 진수한테 엄청 화를 냈어. 근데 그 애는 내가 화를 가라앉힐 때까지 기다려 줬어."

"진수도 화가 났을 텐데 끝까지 잘 참았네. 오히려 네가 미안했겠다."

"그랬어. 나중에 생각해 보니까 화낼 일도 아니더라고. 암튼 내가 진수한테 완벽하게 졌어."

 친구와 싸울 일이 생기면 여러분은 어떻게 하나요?

 앞으로 친구한테 화가 났을 때 여러분은 어떻게 행동할 것 같은가요?

따분한 사람이 방을 나가면 누군가 방에 들어온 기분이 든다.

본래 뜻 : 재미없이 답답한 사람과 함께 있다가 그 사람이 그 자리에서 나가면 오히려 반갑다는 뜻.

인성이 쑥쑥 : 누구나 재미있고 유쾌한 사람을 좋아하지요. 함께 있으면 숨이 막힐 만큼 재미없는 사람이 멀어지면 마치 반가운 사람을 만나기라도 한 것처럼 기분이 좋아지는 것은 당연한 일이겠지요?

 글씨를 따라 바르게 써 볼까요?

따	분	한		사	람	이		방	을	
나	가	면		누	군	가		방	에	
들	어	온		기	분	이		든	다	.
따	분	한		사	람	이		방	을	
나	가	면		누	군	가		방	에	
들	어	온		기	분	이		든	다	.

 **아래에 바르게 써 볼까요?**

따분한 사람이 방을 나가면 누군가 방에 들어온 기분이 든다.

 **재미있는 이야기 한 토막**

"엄마, 친구들은 깔깔거리고 놀다가도 왜 내가 다가가면 아무 말도 하지 않을까요?"
"그건 네가 재미없는 말만 해서 그럴 거야. 친구들이 하는 말을 받아줄 줄도 모르잖아."
"난 친구들이 좋은데……. 앞으로는 친구들과 재미있게 어울려 놀 수 있도록 노력할게요."

 친구 중에 가장 재미있는 친구는 누구인가요? 그 친구의 어떤 점이 재미있나요?

 내가 친구들에게 재미있는 사람이 되려면 어떻게 해야 할까요?

먼저 인사하는 사람이 축복도 먼저 받는다.

본래 뜻 : 인사를 잘하는 사람에게는 상대방도 좋은 마음으로 인사를 한다는 뜻.

인성이 쑥쑥 : 누군가를 만났을 때 먼저 인사를 하는 사람을 싫어할 사람은 한 명도 없어요. 밝은 표정으로 인사하면 누구나 기쁜 맘으로 받아 주지요. 반대로 인사성 없는 사람을 만나면 어떨까요? 기쁜 맘으로 축복하고 싶은 생각은 들지 않겠지요?

 글씨를 따라 바르게 써 볼까요?

먼	저		인	사	하	는		사	람	이	∨
축	복	도		먼	저		받	는	다	.	
먼	저		인	사	하	는		사	람	이	∨
축	복	도		먼	저		받	는	다	.	

 아래에 바르게 써 볼까요?

먼저 인사하는 사람이 축복도 먼저 받는다.

재미있는 이야기 한 토막

"안녕하세요! 어제 저한테 감기 빨리 나으라고 해 주셨잖아요. 그래서 오늘은 말짱해졌어요."

"다행이구나. 항상 웃는 얼굴로 인사를 하는 네가 아프다고 하니까 맘이 안 좋았단다."

"제가 아프다고 하니까 많은 사람이 걱정해 주셔서 금방 나은 것 같아요. 고맙습니다."

 나는 인사를 잘하는 편인가요? 인사를 잘하면 어떤 점이 좋은 것 같은가요?

 만약에 사람들이 인사를 전혀 안 하는 세상에 산다면 어떻게 될까요?

물건을 빌릴 때는 쓸 곳을 분명히 밝혀라.

본래 뜻 : 뭔가를 빌리는 것은 상대에게 피해 주는 일이므로 이해를 할 수 있도록 이유를 분명히 밝히라는 뜻.

인성이 쑥쑥 : 필요한 것을 남에게 빌릴 수도 있어요. 하지만 무턱대고 뭔가를 빌려 달라고 하는 것은 상대방에 대한 실례이지요.
빌리려는 사람이 그 이유를 정확히 밝힌다면 저절로 믿음이 생기고 즐거운 마음으로 빌려줄 수 있지 않을까요?

 글씨를 따라 바르게 써 볼까요?

물	건	을		빌	릴		때	는		쓸	∨
곳	을		분	명	히		밝	혀	라	.	
물	건	을		빌	릴		때	는		쓸	∨
곳	을		분	명	히		밝	혀	라	.	

 아래에 바르게 써 볼까요?

물건을 빌릴 때는 쓸 곳을 분명히 밝혀라.

 **재미있는 이야기 한 토막**

"네가 동생하고 놀아야 되니까 축구공 좀 빌리겠다고 했을 때 네가 참 좋은 형이라는 생각이 들었어."

"내 공을 잃어버렸거든. 네가 축구공을 빌려줘서 동생이랑 재미있게 놀았어."

"축구공이 필요한 이유를 자세히 설명하니까 아주 기분 좋게 빌려주게 되더라."

 최근에 누군가에게 뭔가를 빌린 적이 있나요? 뭐라고 말하고 빌렸나요?

 필요한 이유도 말하지 않고 뭔가를 빌려 달라는 친구가 있다면 뭐라고 할까요?

배운 것을 복습하는 것은 외우기 위해서가 아니라 새로운 것을 발견하기 위해서다.

본래 뜻 : 외우기 위한 목적으로 복습하는 것이 아니라 내용 속의 새로운 것을 발견하기 위해서라는 뜻.

인성이 쑥쑥 : 아는 문제를 몇 차례 반복하다 보면 잘 외울 수 있을 뿐만 아니라 그 내용의 새로운 사실도 발견할 수도 있게 되지요.
그러면 그 문제는 완벽하게 내 것이 되겠지요? 새로운 문제를 찾아내기 위한 복습 태도가 정말 중요해요.

 글씨를 따라 바르게 써 볼까요?

배	운		것	을		복	습	하	는
것	은		외	우	기		위	해	서	가 ∨
아	니	라		새	로	운		것	을
발	견	하	기		위	해	서	다	.

 **아래에 바르게 써 볼까요?**

배운 것을 복습하는 것은 외우기 위해서가 아니라
새로운 것을 발견하기 위해서다.

 **재미있는 이야기 한 토막**

"나는 동화책을 절대 한 번만 읽지 않아. 어떤 책은 열 번도 더 읽었어."

"그렇게 많이? 왜? 한 번 읽은 책을 또 읽으면 아무 재미도 없잖아."

"읽을 때마다 새로운 생각을 할 수 있거든. 몇 번을 읽어도 새로운 책처럼 흥미로워."

 여러분은 여러 차례 읽은 책이 있나요? 제목이 무엇이며 왜 여러 번 읽었나요?

 최근에 반복해서 읽은 책 중에서 새롭게 찾아낸 내용이 무엇인가요?

벗이 화를 내고 있을 때는 달래려고 하지 말라. 벗이 슬퍼할 때도 위로하지 말라.

본래 뜻 : 누군가 화를 내거나 슬퍼할 때는 스스로 이겨낼 때까지 기다려 주라는 뜻.

인성이 쑥쑥 : 정말 화가 나고 슬플 때 누군가 위로해 주면 마음이 조금 누그러지기는 해요. 하지만 자신의 분노, 슬픔은 스스로
극복하는 것이 훨씬 효과적이에요. 그런 과정을 거쳐서 정신이 강해질 수 있으니까요.

 글씨를 따라 바르게 써 볼까요?

벗	이		화	를		내	고		있	을	∨
때	는		달	래	려	고		하	지		
말	라	.		벗	이		슬	퍼	할		때
도		위	로	하	지		말	라	.		

 **아래에 바르게 써 볼까요?**

벗이 화를 내고 있을 때는 달래려고 하지 말라.
벗이 슬퍼할 때도 위로하지 말라.

 **재미있는 이야기 한 토막**

"저번에 내가 너무 화가 나고 속상해서 울고 있을 때 네가 가만히 옆을 지켜줘서 고마워."
"나도 그럴 때가 있었어. 누군가 괜히 나를 위로해 주는 것이 별로 도움이 되지 않았거든."
"앞으로는 그깐 일로 울거나 속상해하지 않을 거야. 내 힘으로 이겨낼 자신이 생겼으니까."

 친구가 화가 나거나 속상해서 엉엉 울고 있을 때는 어떻게 하나요?

 화가 났거나 슬플 때 어떻게 하면 그 기분에서 벗어날 수 있나요?

부모님께 순종하고 존중하는 이유는 가족을 위해 식량을 구하고 의복을 주기 때문이다.

본래 뜻 : 나를 낳아 주고 편히 잘 자라게 해 주신 부모님의 은혜는 절대 잊어서는 안 된다는 뜻.

인성이 쑥쑥 : 먹는 것, 입는 것, 잠자는 것, 그것들은 인간에게 가장 중요한 문제예요. 그 문제를 해결해 주는 사람은 부모님이죠. 내가 부모님 말씀을 잘 듣고 존경해야 하는 것은 그 중요한 것들을 해결해 준다는 것만으로도 충분하겠지요?

 글씨를 따라 바르게 써 볼까요?

부	모	님	께		순	종	하	고		존
중	하	는		이	유	는		가	족	을 ∨
위	해		식	량	을		구	하	고	
의	복	을		주	기		때	문	이	다.

 **아래에 바르게 써 볼까요?**

부모님께 순종하고 존중하는 이유는 가족을 위해 식량을 구하고 의복을 주기 때문이다.

 **재미있는 이야기 한 토막**

"어려서 집을 잃어버리고 일주일 동안 고생했었던 일은 정말 끔찍했어요."
"그때 너를 영영 잃어버리는 줄 알고 얼마나 걱정했는지, 지금 생각해도 아찔하다."
"아빠 엄마가 저를 키워 주시는 것이 얼마나 감사한 일인지 그때 깨달았어요."

 오늘 있었던 일 중에서 부모님께 감사의 편지를 써 볼까요?

_____

_____

 나를 키워 주시는 부모님을 위해서 나는 무엇을 해야 할까요?

_____

_____

생각디딤돌 창작교실 엮음

생각디딤돌 창작교실은 소설가, 동화작가, 시인, 수필가, 역사학자, 교수, 교사 들이 참여하는 창작 공간입니다.

주로 국내 창작 위주의 책을 기획하며 우리나라 어린이들이 낯선 외국의 정서를 익히기에 앞서

우리 고유의 정서를 먼저 배우고 익히기를 소원하는 작가들의 모임입니다.

『마법의 맞춤법 띄어쓰기(전8권)』『마법의 속담 따라 쓰기(전4권)』『마법의 사자소학 따라 쓰기(전2권)』 등을 펴냈습니다.

마법의 탈무드 따라 쓰기 ①

초판 1쇄 발행 / 2022년 10월 10일

초판 1쇄 인쇄 / 2022년 10월 15일

엮은이 ── 생각디딤돌 창작교실

펴낸이 ── 이영애

펴낸곳 ── 도서출판 생각디딤돌

　　　　　출판등록 2009년 3월 23일 제135-95-11702

　　　　　전화번호 070-7690-2292　팩스 02-6280-2292

ISBN　978-89-93930-73-3(64710)

　　　　978-89-93930-72-6(세트)